# Wundervolle Glücksmomente

**ein Wunderland des Sehens**

von Thomas Ditzinger / Armin Kuhn

GROH

# Zauberhafte Bildwelten: ein Wunderland des Sehens

Komm mit auf die faszinierende Reise in die wundervolle Welt der 3D-Bilder und entdecke 21 verschiedene zauberhafte Bilder und Wünsche für dich. Fast jeder Mensch ist in der Lage, dreidimensional zu sehen, um ins Innere der Bilder zu gelangen. Neben der beeindruckenden und entspannenden Wirkung dieses Augenspaziergangs auf den Betrachter kann mit den Bildern auch das räumliche Wahrnehmungsvermögen geschult werden.

Wenn du das Buch in die Hand nimmst, ist es am besten, das jeweilige 3D-Bild einfach auf dich wirken zu lassen, nichts zu denken und in Ruhe zu entspannen. Die räumliche Wahrnehmung kommt dann schlagartig und wie von selbst. Der erste Eindruck ist häufig die Phase des „Schummerigwerdens", man hat das Gefühl, dass irgendetwas mit dem Bild nicht stimmt.

Wenn das erste Tiefensehen nicht auf Anhieb klappt, so ist dies kein Grund, an seinen Fähigkeiten zu zweifeln. Mit Hilfe verschiedener Techniken kann man diesen neuen Blick regelrecht erlernen. Ziel dieser Techniken ist es, die Konzentration des Betrachters von der Bildoberfläche in eine andere Tiefe zu lenken, also durch das Bild hindurchzuschauen. **Einmal gelernt, verlernt man es nie mehr!**

# Methode 1: Bewegung des Bildes

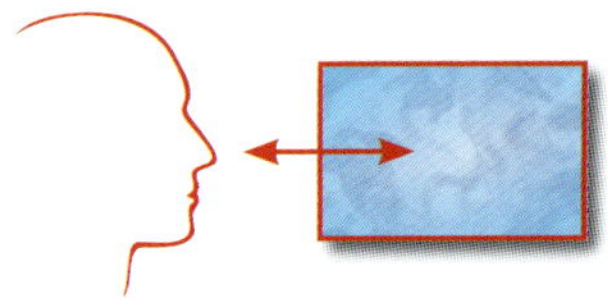

Berühre das Bild mit der Nasenspitze, und schau einfach durch das Bild hindurch. Behalte diesen Blick starr bei und bewege das Bild langsam von dir weg, bis die normale Leseentfernung eingenommen ist. Behalte den starren Blick bei, und versuche nicht, die Augen wieder scharf zu stellen. Schon bald wirst du Strukturen in einer bestimmten Tiefe feststellen, die sich schließlich zu einer klaren räumlichen Tiefenwahrnehmung entwickeln.

# Methode 2:

## Lichtspiegelungen

Bei der Betrachtung eines normalen Bildes sind Lichtreflexionen normalerweise störend. Zum Sehen der zauberhaften Bilder machen wir uns genau diese Reflexionen zunutze: Halte das Bild so, dass Spiegelungen einer Lichtquelle (z.B. Lampe oder Sonne) darauf erscheinen! Nun stelle deine Augen auf die Lichtreflexionen scharf, und halte deinen Blick für eine Weile starr, bis sich das dreidimensionale Bild vor deinen Augen entwickelt.

# Methode 3:

## Augen schließen und wieder öffnen

Lege das Buch kurz beiseite und betrachte einen beliebigen Gegenstand in deiner Umgebung. Nun schließe die Augen und stelle dir im Geiste diesen Gegenstand in der richtigen Entfernung vor. Halte bei weiterhin geschlossenen Augen ein Bild vor dich und öffne nach ein paar Sekunden die Augen. Lass dich nicht von dem Bild ablenken und behalte weiterhin den starren Blick auf den vorgestellten Gegenstand in der Tiefe. Schau dann einfach durch das Bild hindurch - bis die Tiefenwirkung eintritt.

Wenn trotz der vielen Tipps noch Schwierigkeiten mit dem 3D-Eindruck entstehen sollten: die Auflösungen zu den Bildern befinden sich auf den letzten Seiten.
Nun aber viel Spaß beim Betrachten und Eintauchen in die Bilderwelt.

# Ich wünsche dir

## zauberhafte Glücksmomente ...

- *täglich das kleine Glücksgefühl aufspüren*
- *sich jeden Tag selbst etwas Gutes tun*
- *sich Zeit nehmen für das, was die Seele streichelt*
- *wissen, dass jeder Tag ein Geschenk ist*
- *aus vielen schönen Momenten einen großen Glücksteppich weben*

# genüssliche Stunden …

- vom Duft frischen Kaffees geweckt werden
- gemütlich im Bett frühstücken
- einen Kaffee lang reden – oder zwei oder drei …
- im Straßencafé sitzen, das schöne Wetter genießen und die Leute beobachten
- sich keine Sorgen machen müssen – nicht die Bohne!

# Reichtum ...

wissen, dass man nicht im Geld schwimmen muss,
um glücklich zu sein

sich einen großen Traum erfüllen

wissen, dass man die schönsten Dinge nicht kaufen kann

Geld für einen guten Zweck geben

spüren, dass Zufriedenheit der größte Reichtum ist

# sonnige Zeiten ...

- *den Zauber eines Sommertages einfangen*
- *dem Glück nicht nachjagen, sondern sehen, dass es überall blüht*
- *im Sonnenschein auf einer Frühlingswiese liegen*
- *einfach mal die Seele baumeln lassen*
- *den Tag pflücken*

Glückstreffer ...

Glückstreffer ...

# Glückstreffer ...

- *zur richtigen Zeit am richtigen Ort sein*
- *ab und zu sein Glück herausfordern*
- *ein glückliches Händchen haben*
- *auch mal Glück im Unglück haben*
- *einen Glückstreffer landen*

3D LOTTO 6aus49
3D LOTTO 6aus49

Einblicke ...

Einblicke ...

# Einblicke ...

- *verstehen, dass das Glück oft hinter den Dingen liegt*
- *sich von Hindernissen nicht abhalten lassen*
- *geduldig zum Wesentlichen vordringen*
- *darauf vertrauen, dass hinter allem ein tieferer Sinn steckt*
- *wissen, dass sich hinter einem unscheinbaren Äußeren oft die schönsten Geheimnisse verbergen*

Vertrauen ...

Vertrauen ...

# Vertrauen ...

- den Dingen einfach mal ihren Lauf lassen
- wissen, dass was die Ebbe nimmt, die Flut wieder bringt
- auf sich selbst vertrauen und den Sprung ins kalte Wasser wagen
- sich nicht so leicht aus der Bahn werfen lassen
- aufgeschlossen bleiben für die Veränderungen des Lebens

# neue Perspektiven …

- *sich von Hindernissen nicht abhalten lassen*
- *wissen, dass manchmal nur Umwege zum Glück führen*
- *sich nicht beirren lassen, sondern seinem Bauchgefühl folgen*
- *die sicheren Pfade verlassen und Neues wagen*
- *entdecken, dass es immer einen Ausweg gibt*

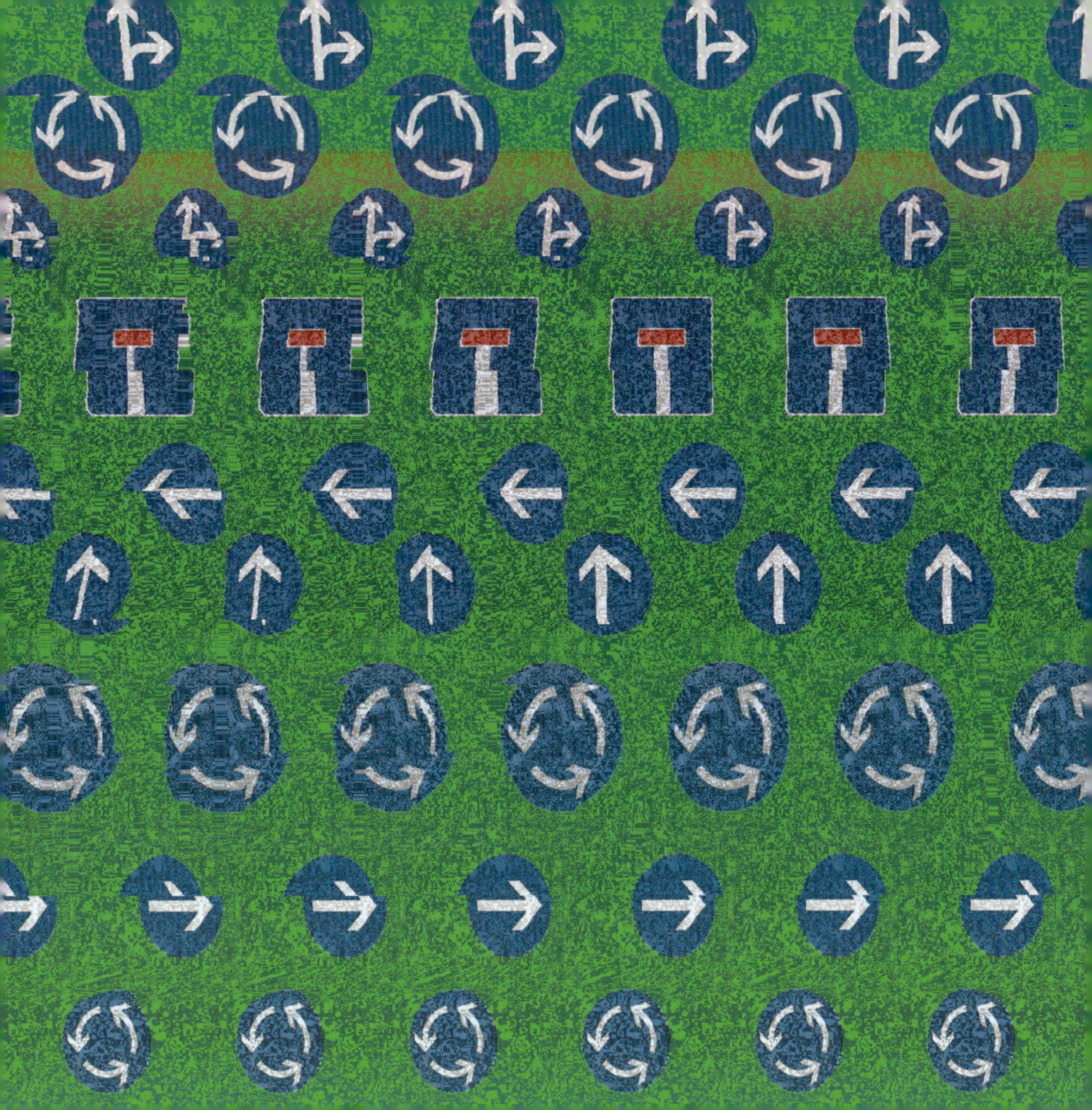

# Energie ...

- *sich frisch ans Werk machen und Herausforderungen mutig anpacken*
- *seine Energie nicht verschwenden auf Dinge, die nicht zu ändern sind*
- *sein Glück selbst in die Hand nehmen*
- *nicht alles alleine schaffen wollen*
- *mit Power in den Tag starten*

Vorsprung...

# Vorsprung ...

Vorsprung ...

- *Hindernisse als Chancen begreifen*
- *die eigenen Grenzen erkennen und sie überwinden*
- *eine bessere Strategie finden als mit dem Kopf durch die Wand*
- *wissen, dass es manchmal mehrere Anläufe braucht*
- *nie daran zweifeln, dass man es schaffen kann*

# Zusammenhalt ...

- *sich auf Unterstützung verlassen können, wenn man sie braucht*
- *erfahren, dass glücklich machen, glücklich macht*
- *andere mit guter Laune anstecken*
- *das schöne Gefühl dazuzugehören*
- *die Kraft der Gemeinschaft spüren*

# Lebenskunst ...

# Lebenskunst ...

Lebenskunst ...

- *auch aus Steinen, die einem in den Weg gelegt werden, etwas Schönes bauen*
- *sich das Leben bunt machen*
- *wissen, dass Glück ein Mosaik aus vielen kleinen Freuden ist*
- *hinter die Dinge blicken*
- *das gute Gefühl haben, dass es immer irgendwie weitergeht*

# Sternenzauber ...

- jedem Tag ein bisschen Sternenglanz verleihen
- darauf vertrauen, dass alles, was man anpackt, unter einem guten Stern steht
- seinen Stern zum Leuchten bringen
- Mut haben, auch mal nach den Sternen zu greifen
- seinen ganz persönlichen Glücksstern finden

Bildquelle ESA/Hubble/NA

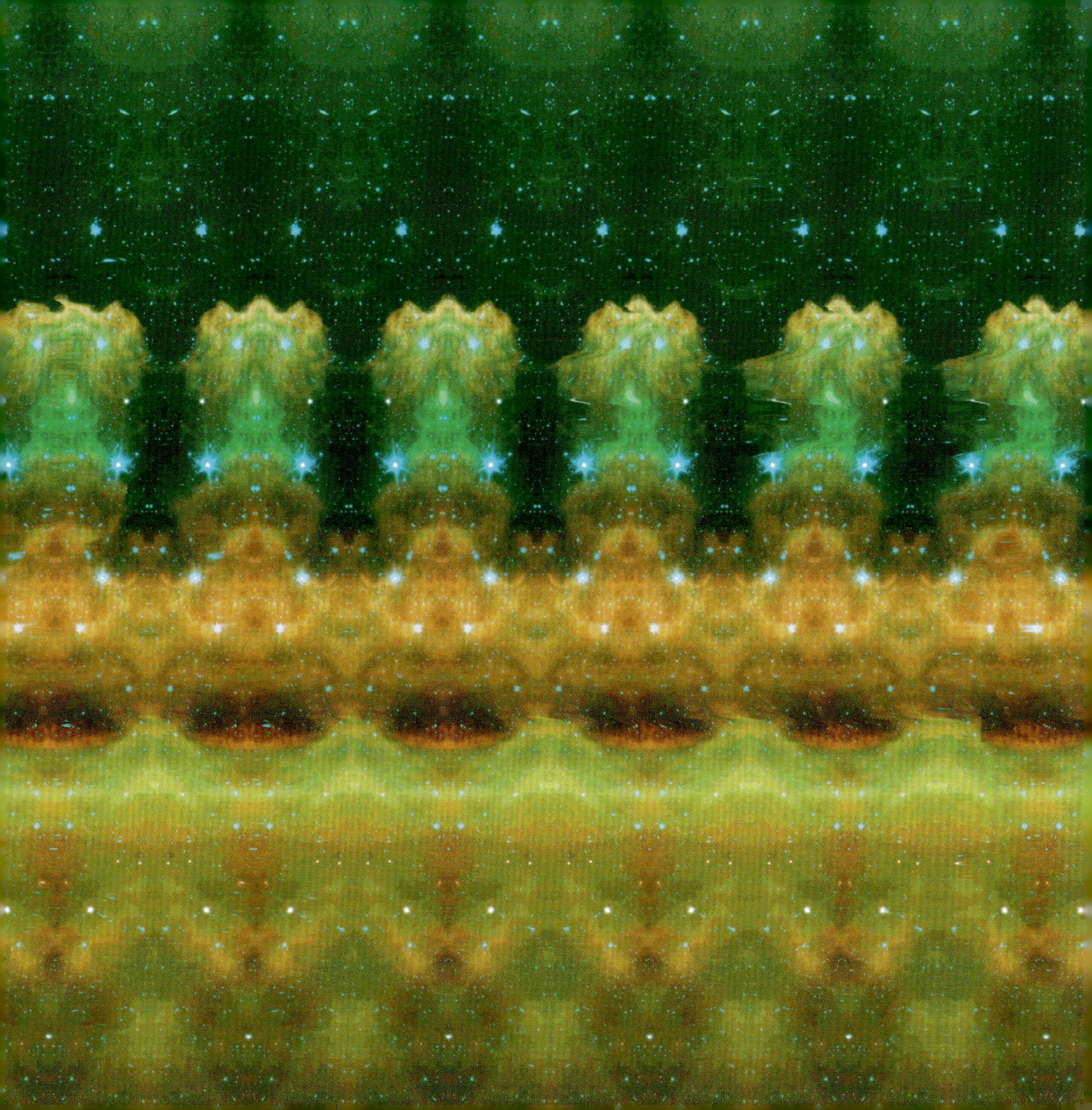

# kleine Freuden …

- *das Kind in sich entdecken und mal wieder richtig albern sein*
- *sich mit Kleinigkeiten den Alltag versüßen*
- *ein neues Hobby für sich entdecken und darüber die Zeit vergessen*
- *ab und zu unbekümmert in den Tag hinein leben*
- *sich selbst nicht so ernst nehmen*

# das perfekte Lebensrezept …

- *immer mal wieder „dolce vita" genießen*
- *ein neues Restaurant entdecken*
- *ein Buffet mit lauter Leckereien plündern*
- *in einem fremden Land unbekannte kulinarische Köstlichkeiten probieren*
- *beim Nachhausekommen mit dem Lieblingsgericht überrascht werden*

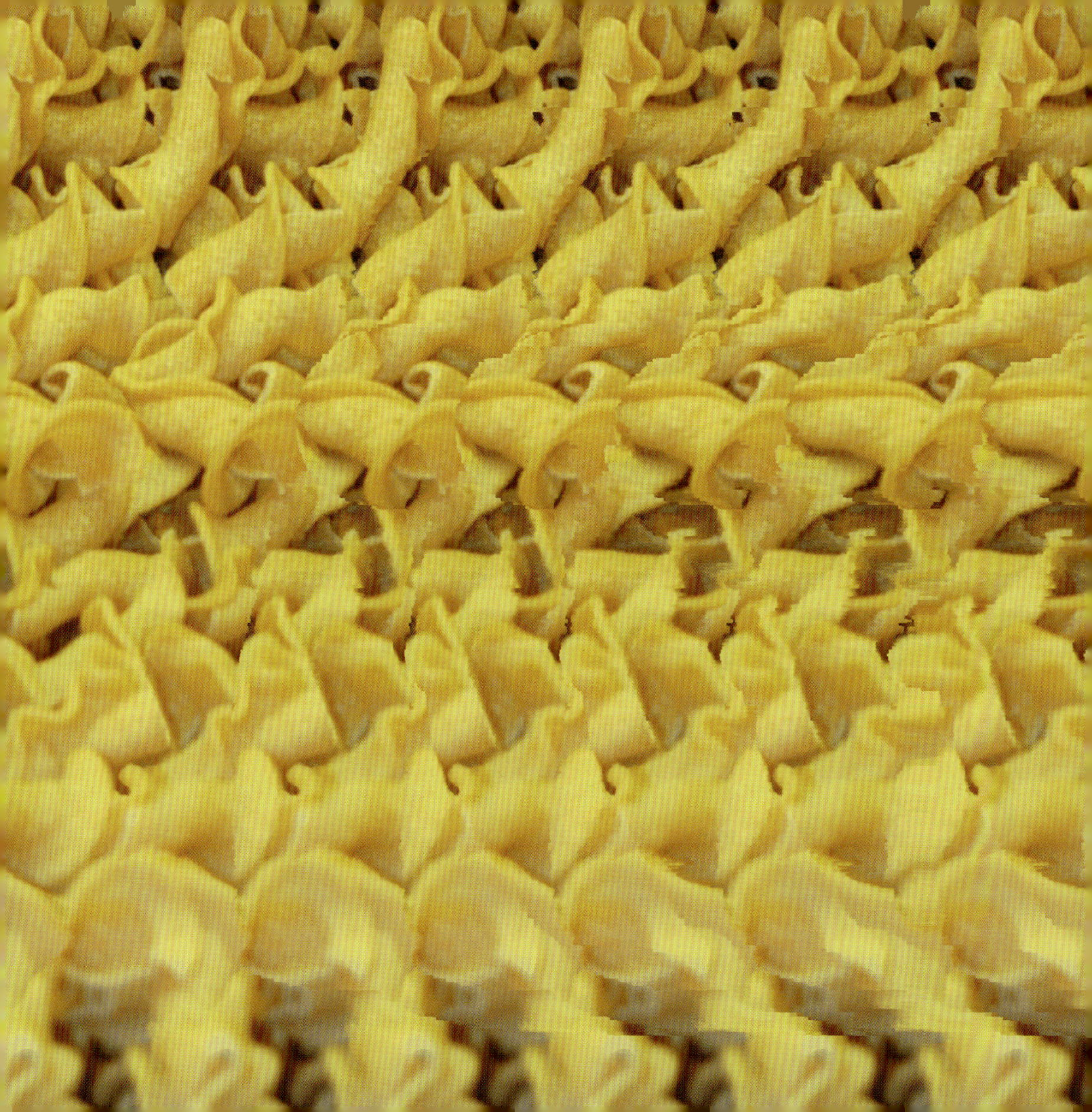

Glücksbringer ...

# Glücksbringer ...

- *das Glück erkennen, wenn es einem über den Weg läuft*
- *vor jemandem den Hut ziehen können*
- *Glücklichsein als Lebenseinstellung verstehen*
- *jemanden treffen, der auf der gleichen Wellenlänge liegt*
- *entdecken, dass das Glück viele Facetten hat*

Glücksbringer ...

# freche Früchtchen ...

- sich in ein Abenteuer stürzen
- dem Leben mit Humor begegnen
- jemandem einen Streich nicht krumm nehmen
- beherzt nach süßen Früchten greifen
- nicht hinter dem Busch halten,
  sondern offen seine Meinung sagen

# schöne Aussichten ...

- *sich manchmal wie im siebten Himmel fühlen*
- *Sonne im Herzen haben – egal bei welchem Wetter*
- *darauf vertrauen, dass alles sich zum Guten wendet*
- *sich nicht so leicht die Laune verderben lassen*
- *seine Sorgen mit den Wolken davonziehen lassen*

# gute Freunde …

- *miteinander durch dick und dünn gehen*
- *jemanden haben, den man zu jeder Tages- und Nachtzeit anrufen kann*
- *sich ohne Worte verstehen*
- *spüren, dass geteiltes Glück doppeltes Glück ist*
- *eine Schulter zum Anlehnen haben*

# Entdeckungsreisen ...

Entdeckungsreisen ...

- *täglich die kleinen Inseln des Glücks ansteuern*
- *eine mutige Reise ins eigene Ich unternehmen*
- *den eigenen Horizont erweitern*
- *der Sehnsucht nachgeben und die Welt erobern*
- *der Welt mit Offenheit begegnen*

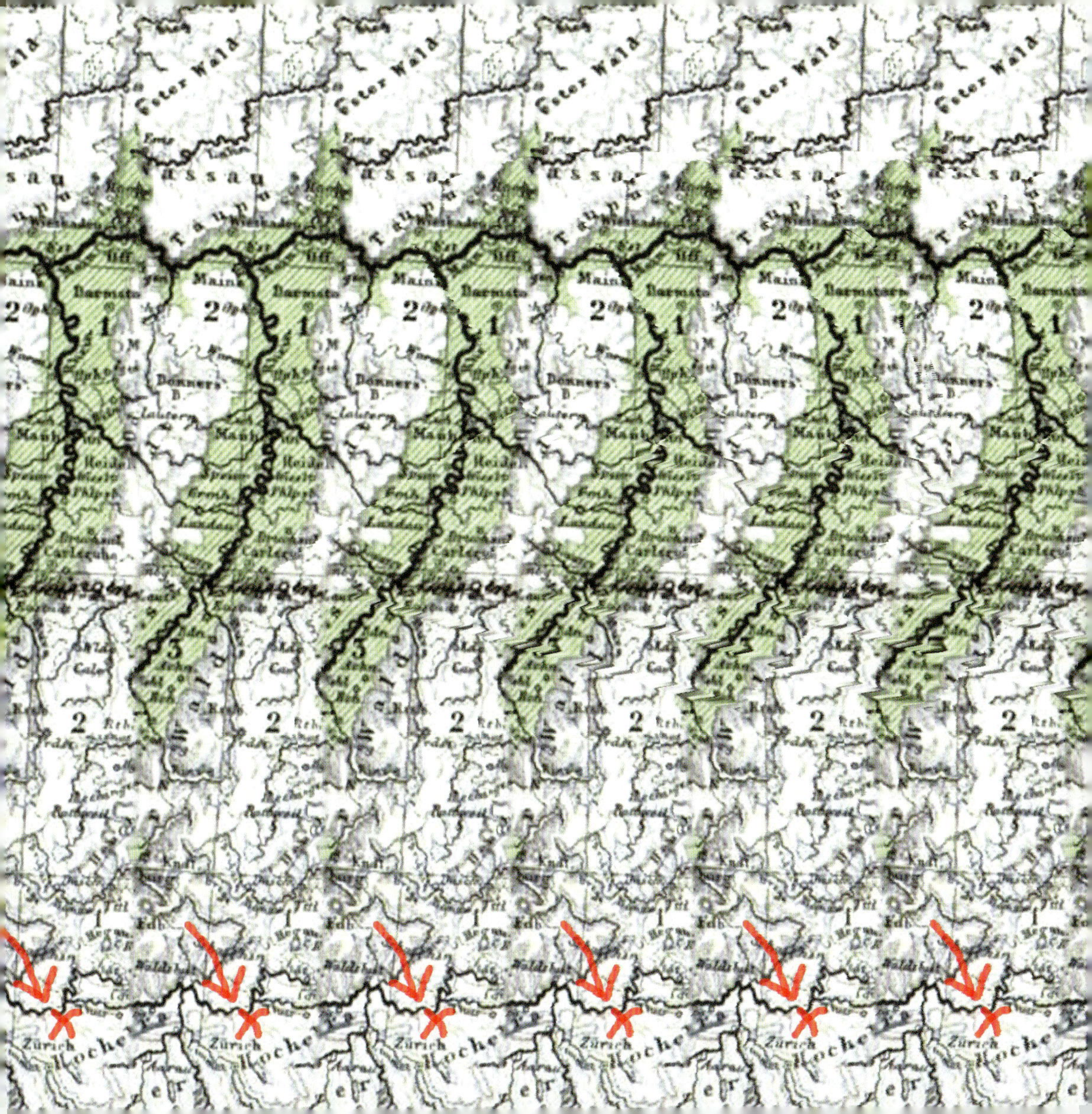
Mainz
Zürich

# Glückssterne ...

- *den Mann im Mond entdecken und ihm zuzwinkern*
- *eine Sternschnuppe sehen und sich etwas wünschen*
- *den Gedanken nachhängen und träumen*
- *die Unendlichkeit des Universums und der Möglichkeiten spüren*
- *sich bewusst machen, dass das Glück immer da ist,*
  *jetzt in diesem Augenblick*

Bildquelle ESA/Hubble/NASA

# Auflösungen

Seite 5

Seite 7

Seite 9

Seite 11

Seite 13

Seite 15

Seite 17

Seite 19

Seite 21

Seite 23

Seite 25

Seite 27

Seite 29

Seite 31

Seite 33

Seite 35

Seite 37

Seite 39

Seite 41

Seite 43

Seite 45

Cover

**Bildnachweis:**
Alle 3D- und Tiefenbilder von Thomas Ditzinger und Armin Kuhn

**Idee und Konzept:**
Groh Verlag.

ISBN 978-3-86713-498-9


107015-4355-01

# Ein Lächeln schenken

Geschenke sollen ein Lächeln auf Gesichter zaubern und die Welt für einen Moment zum Stehen bringen. Für diesen Augenblick entwickeln wir mit viel Liebe immer neue GROH-Geschenke, die berühren.

In ihrer großen Themenvielfalt und der besonderen Verbindung von Sprache und Bild bewahren sie etwas sehr Persönliches.

Den Menschen Freude zu bereiten und ein Lächeln zu schenken, das ist unser Ziel seit 1928.

Ihr

Joachim Groh